www.ingramcontent.com/pod-product-compliance
Lightning Source LLC
Chambersburg PA
CBHW040835300326
41914CB00061B/1404
* 9 7 8 1 9 1 2 8 1 7 7 2 6 *